Einheit, Freiheit, Militärreform. Der preußische Heeres- und Verfassungskonflikt

von Rolf Helfert

2. Neuauflage

2025

Einheit, Freiheit, Militärreform. Der preußische Heeres- und Verfassungskonflikt

*Überhaupt, in der Politik muss
man nur das Erreichbare wünschen.*

Heinrich Heine [1]

„Freiheit geht vor Einheit", lautete die törichte Parole, mit der Adenauer seine geschichtsfremde Staatsräson verteidigte. Jeder Ostdeutsche lebte, weil das Land geteilt wurde, völlig unfrei, während Adenauers Rheinbund, den die Westalliierten ins enge Korsett der Vormundschaft sperrten, einer Halbkolonie ähnelte, deren Grundgesetz weniger demokratische Rechte fixierte, als es die Weimarer Verfassung getan hatte.

Das schwierige Verhältnis von Freiheit und Einheit prägte auch die deutsche Geschichte des 19. Jahrhunderts. Staatlich subventionierte Historiker betrachteten sie nach 1945 durch Adenauersche Brillengläser. Oft erklangen Lieder der neuen Herren; die Reichsgründung widersprach dem Zeitgeist. Lothar Gall, Chefideologe des deutschen Liberalismus, sah in Bismarcks Werk „eines der kurzlebigsten Gebilde der Geschichte", das nicht zurückkehre [2].

---

[1] Heinrich Heine, Französische Zustände, Könemann Verlag, Köln 1995, S. 151.

[2] Henning Köhler, Der 8. Mai - das historische Ereignis und die politische Wirkungsgeschichte, in: Die Politische Meinung, Nr. 426, 2005, S. 33. Vgl. Lothar Gall, Bismarck. Der weiße Revolutionär, Frankfurt/Main 1980, S. 725; Hans-Peter Schwarz, Mit gestopften Trompeten. Die Wiedervereinigung

West- und ostdeutsche Historiker erkoren nun die taten-
arme, früh missglückte „Revolution" von 1848 zum
Staatsevangelium. In einer Ausstellung des Bundestages
beansprucht „1848" genauso viel Platz wie das Kaiserreich.

Das römisch-katholisch verwurzelte Österreich und zahlreiche Fürsten blockierten den Weg zum deutschen Nationalstaat. Allein Preußens starkes Militär war imstande,
dieses Hindernis zu beseitigen. Nur die sogenannte kleindeutsche Lösung gewährleistete innere und äußere Stabi-
lität.

Maßgeblich scheiterte die Revolution von 1848 an der
territorialen Zersplitterung Deutschlands [3]. Oppositionelle
Kräfte zu koordinieren, eine handlungsfähige politische
Öffentlichkeit aufzubauen, erforderte den Nationalstaat.
Da er 1848 nicht existierte, betrat die revolutionäre
Bewegung, der jegliche Machtmittel fehlten, politisches
Niemandsland. In jedem Fürstentum konnte der vom
Habsburgerreich kontrollierte Deutsche Bund eingreifen
und Aufstände niederschlagen.

Ohne Gesamtstaat drohte auch das Damoklesschwert einer ausländischen Intervention. Viele Historiker nahmen
diese Aspekte nicht zur Kenntnis; ideologische Motive do-
minierten die Wissenschaft. An Rhein und Spree trium-
phierte der Geist der Teilung.

Deutschlands aus der Sicht deutscher Historiker, in: Geschichte
in Wissenschaft und Unterricht, Heft 11, 1993, S. 683-704.

[3] Friedrich Meinecke, 1848 - eine Säkularbetrachtung, in: Die
Deutsche Revolution von 1848/49, hrsg. von Dieter Langewiesche, Darmstadt 1983, S. 39-58.

Ähnlich missverstanden west/östliche Romantiker den preußischen Verfassungsstreit. 1862 brach er aus und endete vier Jahre später. Liberale Apologeten bekränzten und illuminierten jenes Ereignis leidenschaftlich. Preußen war kein Nationalstaat, ebenso Adenauers BRD, die das Grundgesetz feierte, und daher glaubten zahlreiche Hofchronisten, die Konfliktszeit in einen positiven Mythos umdichten zu sollen, der die westdeutsche Republik quasi vorwegnahm. Hatte lange der siebenjährige Krieg als historische Legitimation hergehalten, wechselte man nun das Kostüm. Eilfertig propagierten flexible deutsche Historiker die veränderte Generallinie. - Ehe weitere Kritik folgt, widme ich mich der „Neuen Ära" von 1858 bis 1862.

Friedrich Wilhelm IV. erkrankte 1858 schwer. Sein Bruder Wilhelm übernahm die Regentschaft und verfasste das „Novemberprogramm". Innenpolitische Reformen kündigte er an, die er wenig spezifizierte. Preußen sollte in Deutschland „moralische Eroberungen" tätigen [4]. Gleichwohl verfolgte Wilhelm keine bestimmten außenpolitischen Ziele und lehnte es ab, antiösterreichische Maßnahmen zu ergreifen [5].

---

[4] Kaiser Wilhelms des Großen Briefe, Reden und Schriften, Bd. 1, Berlin 1906, S. 449.

[5] Wilhelm an den Kronprinzen Friedrich, 2.8.1861, in: Geheimes Staatsarchiv Preußischer Kulturbesitz Berlin, (früher ZStA Merseburg), NL Wilhelm I., Rep. 51 J, Nr. 518, Bl. 8R.

Mehr noch verhieß das Risorgimento 1859 eine neue Ära, [6] zumal der Nationalverein, kleindeutsch und preußisch orientiert, die Bühne betrat [7].

Den italienischen Rückenwind nutzte der preußische Landtag und bewilligte geschlossen einen Kredit von 30 Millionen Talern, der es Preußen erlaubte, die Armee zu mobilisieren, solange Italien gegen Österreich Krieg führte. Beispielsweise hoffte Eduard Simson, liberaler Abgeordneter, dass Preußen nach „links" und „rechts" gleichzeitig kämpfen und Deutschland einigen werde [8].

Jedoch verkündete Preußen nur eine „bewaffnete Neutralität" und blieb außenpolitisch inaktiv. Damit enttäuschte der Regent alle Erwartungen. Diesen Hintergrund gilt es zu beachten, wenn jetzt die Heeresreform in den Blick gerät.

Anfang 1860 legte die preußische Regierung dem Landtag einen Gesetzentwurf vor, der drei Hauptgesichtspunkte enthielt. 1) Die Zahl der jährlich eingezogenen Rekruten wurde von 40.000 auf 63.000 Mann erhöht. 2) Die vier jüngeren Jahrgänge der Landwehr des ersten Aufgebots traten in die Reserve des stehenden Heeres über. 3) Die Verlängerung der Dienstzeit von zwei auf drei Jahre, eingeführt seit 1854/56, sollte gesetzlich festgelegt werden.

---

[6] Vgl. Die nationalpolitische Publizistik Deutschlands, hrsg. von Hans Rosenberg, Bd. 1, München 1935.
[7] Shlomo Na´aman, Der Deutsche Nationalverein. Die politische Konstituierung des deutschen Bürgertums 1859-1867, Düsseldorf 1987, S. 41ff.
[8] Stenografische Berichte des Hauses der Abgeordneten, Bd. 2, Berlin 1859, 12.5.1859, S. 1108.

Pro anno betrugen die Kosten der Reorganisation neun Millionen Taler[9].

Dank dieser Maßnahmen steigerte der Kriegsminister Albrecht von Roon die Schlagkraft der preußischen Armee wesentlich[10]. Notwendig erschien vor allem die Moder-

<hr>

[9] Gordon Craig, Die preußisch-deutsche Armee 1640-1945, Düsseldorf 1960, S. 163ff.; Gerhard Ritter, Staatskunst und Kriegshandwerk. Das Problem des Militarismus in Deutschland, Bd.1, München 1954, S. 148-158; Manfred Messerschmidt, Die Armee in Staat und Gesellschaft – Die Bismarckzeit, in: Das kaiserliche Deutschland. Politik und Gesellschaft 1870-1918, hrsg. von Michael Stürmer, Düsseldorf 1970, S. 89-94; Handbuch zur deutschen Militärgeschichte 1648-1939, hrsg. vom Militärgeschichtlichen Forschungsamt, Bd. IV, 1, München 1975, S. 182 ff.; Dennis E. Showalter, The Prusso-German RMA, 1840-1871, in: The Dynamics of Military Revolution 1300-2050, hrsg. von MacGregor Knox und Williamson Murray, Cambridge 2001, S. 92-113.

[10] Unplausibel ist die widerspruchsvolle These von Dierk Walter, der Roons Neuerungen als bloßen „Mythos" und „konstruierte Zäsur" falsch interpretiert. Dass Teilreformen seiner Reorganisation vorausgingen, mindert nicht ihre große Bedeutung. Erst die quantitative Verstärkung der Truppen, auch das effektivere Reservesystem, befähigten Preußen, Kriege zu gewinnen. Außerdem sei die Landwehrreform, behauptet Walter, zumindest ursprünglich nicht mit antibürgerlichen Zielen verknüpft gewesen. Offenbar hat er vergessen, wichtige Denkschriften Roons und des Königs zu lesen, die schon vor 1860 beklagten, dass die Landwehr politische Gefahren berge. Deutlich fällt Walter hinter den bereits erreichten Forschungsstand zurück. Dierk Walter, Preußische Heeresreformen 1807-1870. Militärische Innovation und der Mythos der „Roonschen Reform", Paderborn 2003, S. 43, S. 394. (Vgl. meine Besprechung der Walterschen Studie, in:

nisierung der milizartigen Landwehr. 1813 entstanden,
war sie längst veraltet. Und demographische Wachstums-
raten rechtfertigten es, die Zahl der Rekruten zu erhöhen.

Allerdings verfolgten Roon, Wilhelm, und der Chef des
Militärkabinetts, Edwin von Manteuffel, noch ganz andere
Ziele. Die Landwehr galt als Bastion des liberalen Bürger-
tums; im Fall innenpolitischer Krisen hielten sie adelige
Offiziere für unzuverlässig und wankelmütig. Auch hoffte
Roon, mittels der dreijährigen Dienstzeit preußische Sol-
daten dem zivilen Leben zu entfremden, mechanischen
Gehorsam einzuschleifen.

Viele Liberale ignorierten die Doppelbödigkeit der Heeresvorlage und wollten das traditionelle Milizsystem kon-
servieren. Statt die Reform der Landwehr zu bejahen,
gleichzeitig den Offiziersnachwuchs demokratischer zu
gestalten, versäumten sie es, das stehende Heer zu infilt-
rieren. Wenige Liberale begriffen, dass nicht die „Organi-
sation", sondern der „Geist" Soldaten formt [11].

Österreichische Militärische Zeitschrift, Heft 2, 2006, S. 259 f.).
Zu den politischen Hintergründen der Landwehrreform auch:
Wolfgang Petter, Die Roonsche Heeresreorganisation und das
Ende der Landwehr, in: Die Preußische Armee. Zwischen
Ancien Regime und Reichsgründung, hrsg. von Peter Baumgart,
Bernhard R. Kroener und Heinz Stübig, Paderborn u.a. 2008, S.
223f.
[11] Vossische Zeitung, 19.2.1860, Nr. 43, S. 2; Detlef Vogel,
Militarismus - unzeitgemäßer Begriff oder modernes
historisches Hilfsmittel? Zur Militarismuskritik im 19. und 20.
Jahrhundert in Deutschland, in: Militärgeschichtliche
Mitteilungen, Bd. 39, Heft 1, 1986, S. 9-35; Ute Frevert, Die
kasernierte Nation. Militärdienst und Zivilgesellschaft in
Deutschland, München 2001, S. 95; Frank Becker, Bilder von

Preußen repräsentierte keineswegs nur militärtechnisch die Spitze des Fortschritts. Gegen bourgeoise Opposition erzwang Bismarck 1866/67 das gleiche Wahlrecht [12].

Da liberale Abgeordnete Roons Ideen nicht billigten, empfahl ihnen die Krone, neun Millionen Taler bereitzustellen, um die Heeresvorlage ein Jahr lang „provisorisch" zu realisieren. Obwohl der verantwortliche Ausschuss des Parlamentes erkannte, dass die „zur Aufrechterhaltung der Kriegsbereitschaft getroffenen Maßnahmen zum Teil auf Prinzipien" basieren, welche er kategorisch ablehne, nämlich die „beabsichtigte Eliminierung der Landwehr" und die dreijährige Dienstzeit, akzeptierte das gleiche Gremium den Militärgesetzentwurf „einstweilig"! [13]

Nie lösten deutsche Historiker das Rätsel, warum es 1862 zum Bruch zwischen Regierung und Parlament kam, *nachdem* die Liberalen 1860 eben jene Heeresreform, die sie später befehdeten, zunächst fast einstimmig genehmigt hatten. *Wenn* preußische Liberale, wie viele Historiker glauben, wegen der Militärreform einen Verfassungs-

---

Krieg und Nation. Die Einigungskriege in der bürgerlichen Öffentlichkeit Deutschlands 1864-1913, München 2001, S. 77-108. Ders., Strammstehen vor der Obrigkeit? Bürgerliche Wahrnehmung der Einigungskriege und der Militarismus im Deutschen Kaiserreich, in: Historische Zeitschrift, Bd. 277, 2003, S. 87-113.

[12] Vgl. Walter Gagel, Die Wahlrechtsfrage in der Geschichte der deutschen liberalen Parteien 1848-1918, Düsseldorf 1958, S. 25f.

[13] Sammlung sämtlicher Drucksachen des Hauses der Abgeordneten, Bd. 6, Berlin 1860, Nr. 230, S.3.

kampf führten, [14] weshalb haben sie die Heeresvorlage dann nicht sofort und konsequent zurückgewiesen?

---

[14] Typisch: Wolfgang Neugebauer, Die Hohenzollern. Dynastie im säkularen Wandel von 1740 bis in das 20. Jahrhundert, Bd. 2, Stuttgart 2003, S. 154. Bezeichnenderweise verschweigt Neugebauer die „provisorische" Bewilligung der Heeresreorganisation. Ebd., S. 152f. Diesen Fehler begeht auch R. Pröve, der Irrtümern des Dierk Walter, Preußische Heeresreformen, erliegt. Ralf Pröve, Militär, Staat und Gesellschaft im 19. Jahrhundert, (=Enzyklopädie Deutscher Geschichte, Bd. 77), München 2006, S. 28, S. 65f. Desgleichen: Manfred Messerschmidt, Das preußische Militärwesen, in: Handbuch der preußischen Geschichte, Bd. 3, hrsg. von Wolfgang Neugebauer, Berlin, New York, 2001, S. 391. Genauso wenig kümmern R. Paetau fundamentale außenpolitische Hintergründe der „Neuen Ära". Das Verhältnis von äußerer und innerer Politik wird ignoriert. Ohne neue Erkenntnisse zu bieten, behandelt er lediglich die preußische Innenpolitik und fragt nicht, ob das Parlament die machtvolle Krongewalt zurückdrängen *konnte*. Musste zuvor Deutschland geeint werden? Für Preußen existierte kein „Weg in die politische Moderne"; seine historische Rolle endete 1871. Paetaus schwache Analyse glänzt durch Ideenlosigkeit. Rainer Paetau, Die regierenden Altliberalen und der „Ausbau" der Verfassung Preußens in der Neuen Ära (1858-1862). Reformpotential – Handlungsspielraum – Blockade, in: Preußens Weg in die politische Moderne. Verfassung – Verwaltung – politische Kultur zwischen Reform und Reformblockade, hrsg. von Bärbel Schultz und Hartwin Spenkuch, Berlin 2001, S. 169-191. Auch schreckt Paetau nicht davor zurück, die Thesen anderer Historiker in bewusst unrichtiger und verzerrter Form wiederzugeben. Vgl. Acta Borussica, NF, Protokolle des Preußischen Staatsministeriums, Bd. 5, bearbeitet von R. Paetau, Hildesheim u.a. 2001, S. 75. Die gleichen Mängel, wie sie in Paetaus kritisiertem Aufsatz festzustellen sind, enthält G. Grünthals unhistorische,

Das „Provisorium" wurzelte in außenpolitischen Hoffnungen. Wie bei der Bewilligung der 30 Millionen Taler während des italienischen Krieges erwarteten die Liberalen auch 1860 eine nationaldeutsche Aktion. Erstens drängten sie die Regierung, das Fürstentum Hessen-Kassel zu okkupieren und notfalls gegen Österreich und seine Verbündeten, welche die liberale kurhessische Verfassung außer Kraft gesetzt hatten, das Schwert zu ergreifen [15].

Zweitens dachten die Liberalen an Schleswig-Holstein. Beide Herzogtümer sollten vereint werden und künftig zu Deutschland gehören[16]. Dieses leidenschaftliche Begehren hätte Krieg gegen Dänemark und weitere internationale Streitigkeiten verursachen können. Georg von Vincke, der Sprecher der Konstitutionellen, sagte, dass die preußische Ehre in Schleswig-Holstein „verpfändet" liege, und kein Deutscher verstehe es, wenn die jetzige „Kriegsbereitschaft einem Zustande des tiefsten Friedens Raum geben sollte" [17]. Preußen müsse in Schleswig-Holstein und Kurhessen deutsches Recht wahren und „den letzten Hauch von Roß und Mann in die Waagschale" legen!

---

eindimensionale, fast nur staatsrechtlich orientierte Betrachtung der Konfliktsjahre. Günther Grünthal, Verfassung und Verfassungskonflikt. Die Lücke als Freiheit des Monarchen, in: Günther Grünthal, Verfassung und Verfassungswandel, hrsg. von Frank-Lothar Kroll, Joachim Stemmler und Hendrik Thoß, Berlin 2003, S. 208-223.

[15] Sammlung sämtlicher Drucksachen, aaO, Bd. 6, 1860, Nr. 230, S. 3.

[16] Ebd., S. 2.

[17] Ebd.

Demgemäß stelle die Bewilligung des Provisoriums ein „Vertrauensvotum" für die Regierung dar [18].

Hielten Bismarcks Gegner die Friedenstaube in der Hand? Schon lange kultiviert das liberale westdeutsche Bürgertum seinen Pazifismus und zaubert dieses Selbstporträt ins 19. Jahrhundert.

Nun ist geklärt, welches Motiv die Volksvertreter bewog, verhasste Militärreformen zu unterstützen. „Provisorisch" hieß allerdings, dass liberale Politiker fest entschlossen waren, die neue Heeresreorganisation später zurückzunehmen. Abschaffen wollte man sie, wenn der Nationalstaat gegründet sei, doch logischerweise erst recht annulieren, falls Preußen außenpolitisch untätig bleibe. Vincke tadelte jene wenigen Abgeordneten, die dem Versprechen der Krone, wonach das Reformgesetz nur befristet gelte, nicht trauten [19].

In der Tat kalkulierte Vincke denkbar falsch, naiv, realitätsfern. Das Parlament, schrieb Wilhelm an seine Minister, wolle die Reorganisation nur unter Berücksichtigung von „Verhältnissen der auswärtigen Politik" durchführen und, sobald es die außenpolitische Lage erlaube, wieder „rückgängig" machen. Wilhelm interpretierte die scheinbar provisorische Regelung völlig anders. Er hielt es für „klar", dass die Reorganisation dauerhaft bestehe. Nur dürfe kein Minister diese „prinzipielle Verschiedenheit"

---

[18] Stenografische Berichte des Hauses der Abgeordneten, Bd. 2, Berlin 1860, 15.5.1860, S. 1126f.
[19] Ebd., S. 1122f.

der Auslegung öffentlich hervorheben, weil sonst der Landtag den Gesetzentwurf blockiere [20].

Die große Mehrheit der Liberalen fiel Wunschträumen zum Opfer. Man muss sich vor Augen halten, was es bedeutet hätte, die Heeresreform nach Ablauf eines – oder gar zweier – Jahre ungeschehen zu machen. Dutzende gerade neu aufgestellter Regimenter hätte man auflösen, hunderte Offiziere, die sich erst wenige Monate im Dienst befanden, vor die Tür setzen müssen. Schwer fiel ebenso der finanzielle Aspekt ins Gewicht. Jene neun Millionen Taler, die der preußische Landtag „provisorisch" bewilligt hatte, wären unwiederbringlich verloren gewesen. Manche Zeitgenossen befürchteten, dass die Abgeordneten Gefahr liefen, neun Millionen Taler „in den Brunnen" zu werfen [21]. Die Militärdoktrin der Liberalen mutet schon wenig durchdacht an. Aber ihre sonderbare Politik des Jahres 1860 kann man wohl nur als dilettantisch kritisieren.

Friedrich Wilhelm Harkort, Mitglied des Landtages, äußerte 1860, dass ein „Held" kommen möge, der Preußen leitet und Deutschland vereinigt [22]. Warum zerfiel dann aber der anfängliche Konsens zwischen Regierung und Parlament? Ist es nicht ein Bismarck gewesen, den die Liberalen erwartet hatten? Niemand hat diese *Kernfrage* gestellt.

Das erste „Provisorium" lief im Mai 1861 aus, und der preußische Landtag bewilligte weitere fünf Millionen Ta-

---

[20] Der Regent an das Staatsministerium, 14.5.1860, in: GStA Berlin, NL Rudolf von Auerswald, Rep. 92 II, Nr. 16., Bl. 1.
[21] Nationalzeitung, Morgenausgabe, 19.5.1861.
[22] Stenografische Berichte, aaO, Bd. 2, 1860, S. 805.

ler, welche es ermöglichten, die Dauer der „provisorischen" Reorganisation bis Ende 1861 zu verlängern. Nur eine knappe Mehrzahl der Abgeordneten war damit einverstanden [23] und geriet bald in die Minderheit.

Denn der preußische Außenminister enttäuschte die Hoffnungen der Liberalen. Sie hätten die Militärreform abgelehnt, wäre ihnen bekannt gewesen, welche Ziele Alexander von Schleinitz vorschwebten, der ein enges Bündnis mit Österreich plante, dem auch Russland beitreten sollte. Garibaldis Unternehmen in Süditalien wünschte er ein „Ende mit Schrecken" [24]. Preußische Liberale, meinte der Außenminister, erlägen nur „albernsten Vorurtheilen", wenn sie antiösterreichische Parolen kundtaten [25]. Schleinitz löste die Krise aus, insofern er dem „Provisorium" die Grundlage entzog.

Auch innenpolitisch herrschte Stagnation. Politiker der im Juni 1861 gegründeten Fortschrittspartei verlangten, die Kreisordnung zu reformieren und juristische Ministerverantwortlichkeit einzuführen [26]. Aber Wilhelm, seine konservativen Minister und Militärs, die das Gespenst des Parlamentarismus fürchteten, bekämpften solche Forderungen [27].

---

[23] Stenografische Berichte, aaO, Bd. 3, 1861, S. 1516.

[24] Alexander von Schleinitz an den preußischen Botschafter in Wien, Freiherrn von Werther, 29.6.1861, in: GStA Berlin, NL Werther, Rep. 92, Bl. 5.

[25] Alexander von Schleinitz an Werther, aaO, 1.5.1860, Bl. 2.

[26] Die deutschen Parteiprogramme, hrsg. von Felix Salomon, Bd. 1, Leipzig 1932, S. 115f.

[27] Wilhelm I. an das Staatsministerium, 11.3.1862, in: GStA Berlin, (früher ZStA Merseburg), NL von der Heydt, Rep. 92, Nr. 25, Bl. 3R.

Im September 1862 genehmigte das Parlament mehrheitlich die Kosten der Reorganisation für das gleiche Jahr nicht [28]. Somit war die gesamte Armeereform rückgängig zu machen! Allerdings beanspruchte Bismarck, eine vermeintliche „Lücke" [29] in der Verfassung nutzen zu dürfen. Fortan existierte in Preußen kein bewilligtes Heeresbudget. Ein Erfolg der Liberalen hätte das Militär geschwächt und die nationale Einheit unerreichbar weit entrückt.

Wie interpretieren deutsche Historiker den Verfassungskonflikt? Die west/östliche, sprich liberale und marxistische Orthodoxie, behauptet, dass preußische Liberale der Heeresreform entgegentraten, weil sie gleichsam aus dem Nichts einen prinzipiellen Macht- und Verfassungskonflikt beginnen wollten.

Heinrich Heffter gemäß zielte „der Kampf der Opposition auf eine Parlamentsherrschaft englischen Stils" [30].

---

[28] Stenografische Berichte des Hauses der Abgeordneten, aaO, Bd. 4, 1862, S. 1869.

[29] Hans-Christof Kraus, Ursprung und Genese der „Lückentheorie" im preußischen Verfassungskonflikt, in: Der Staat. Zeitschrift für Staatslehre, Öffentliches Recht und Verfassungsgeschichte, 29. Band, 1990, S. 209–234.

[30] Heinrich Heffter, Die deutsche Selbstverwaltung im 19. Jahrhundert, Stuttgart 1950, S. 421. Fast genauso: Ernst-Rudolf Huber, Deutsche Verfassungsgeschichte seit 1789, Bd. 3, 3. Aufl., Stuttgart 1988, S.298f.; Leo Haupts, Die liberale Regierung in Preußen in der Zeit der „Neuen Ära". Zur Geschichte des preußischen Konstitutionalismus, in: Historische Zeitschrift, Bd. 227, 1978, S. 45-85; Thomas Nipperdey, Deutsche Geschichte 1800-1866. Bürgertum und starker Staat, München 1983, S. 753f. Unverändert repetiert die gleiche These Friedrich

Einen Streit zwischen „Junkertum und Bourgeoisie um die politische und soziale Kräfteverteilung" in Preußen will Karl-Heinz Börner erkennen [31]. Der liberale Historiker Friedrich Sell diagnostiziert ebenso „einen Kampf der Stände", des „Bürgertums gegen das Junkertum" [32]. Laut Adalbert Hess ging es in dem Konflikt „letztlich um die Macht" zwischen Krone und Parlament [33]. „Das Parlament, das Bismarck widerstrebte", heißt sein Buch, das schon im Titel wie ein Manifest des liberalen westdeutschen Bürgertums klingt. Die außenpolitischen Hintergründe der Konfliktsära blieben verborgen. Auch Michael Geyer wiederholt eine seit Jahrzehnten verkündete Standardthese. „Das deutsche Bürgertum" habe im preußischen Verfassungskonflikt die „politische Freiheit zugunsten der deutschen Einigung" geopfert [34].

Lenger. Auch er beachtet nicht die Hintergründe des „Provisoriums" von 1860. Friedrich Lenger, Industrielle Revolution und Nationalstaatsgründung, (= Gebhardt, Handbuch der deutschen Geschichte, 10. Aufl., Bd. 15), Stuttgart 2003, S. 283. Nicht viel anders: Christopher Clark, Preußen. Aufstieg und Niedergang. 1600-1947, München 2007, S. 589f.

[31] Karl-Heinz Börner, Die Krise der preußischen Monarchie von 1858 bis 1862, Berlin 1976, S.5.

[32] Friedrich C. Sell, Die Tragödie des deutschen Liberalismus, Stuttgart 1953, S. 195.

[33] Adalbert Hess, Das Parlament, das Bismarck widerstrebte. Zur Politik und sozialen Zusammensetzung des preußischen Abgeordnetenhauses der Konfliktszeit, Köln, Opladen 1964, S. 29.

[34] Michael Geyer, Deutsche Rüstungspolitik 1860-1980, Frankfurt/Main 1984, S. 26. Bereits 30 Jahre zuvor vertrat die gleiche Anschauung: Eugen N. Anderson, The social and political conflict in Prussia 1858-1864, Lincoln 1954, S. 278-283. H. A. Winkler lässt das Provisorium ebenso unerwähnt.

Häufig wird das damalige Preußen sehr oberflächlich mit der englischen Stuartzeit verglichen. Symptomatisch ist J. Frölich, der behauptet, dass preußische Liberale 1862 den glorreichen „Whigs" nacheiferten [35]. Auch diese These verdient Kritik. Im England des 17. Jahrhunderts gab es weder ein stehendes Heer noch eine machtvolle Bürokratie, wie sie Preußen hervorbrachte. Seit dem Mittelalter kontrollierte das traditionsreiche Parlament die Könige wirksam.

Insbesondere ruhte England auf soliden nationalstaatlichen Grundlagen. Noch während des 16. Jahrhunderts hatten Krone und Parlament an *einem* Strang gezogen. Sowohl die Reformation als auch die Abwehr der spanischen Gefahr verdankte England der gemeinsamen Anstrengung von König *und* Landesvertretung. Erst *nachdem* die engli-

---

Heinrich August Winkler, Preußischer Liberalismus und deutscher Nationalstaat. Studien zur Geschichte der Deutschen Fortschrittspartei 1861-1866, Tübingen 1964, S. 1-10. Seicht und polemisch ist es, wenn A. Biefang den Reichsgründer als „reaktionär" abqualifiziert und ihm „großpreußischen Annexionismus" unterstellt. In seiner wirklichkeitsfernen Darlegung, die keine neuen Gesichtspunkte aufweist, verkennt Biefang die selbstzerstörerische Opposition und das Scheitern der Liberalen. Andreas Biefang, Politisches Bürgertum in Deutschland 1857-1868. Nationale Organisationen und Eliten, Düsseldorf 1994, S. 204, S. 432.

[35] Jürgen Frölich, Die Berliner „Volks-Zeitung" 1853 bis 1867. Preußischer Linksliberalismus zwischen „Reaktion" und „Revolution von oben", Frankfurt/Main 1990, S. 256. Ebenso verfehlt: Hans-Ulrich Wehler, Deutsche Gesellschaftsgeschichte, Bd. 3, Von der „Deutschen Doppelrevolution" bis zum Beginn des Ersten Weltkrieges 1849-1914, München 1995, S. 263.

sche Nation gesichert war, rebellierten parlamentarische Frondeure gegen den Monarchen. Karl I. führte in Schottland und Irland *dynastische*, aber keine *nationalen* Kriege, und so hat es das Parlament auch verstanden.

Englischer Staatsräson hätte es entsprochen, Bismarck zu unterstützen, der eine *nationale* Frage löste. Westdeutsche Ideologen, die unhistorisch und realitätsfern denken, konstruieren falsche Parallelen.

Der Konflikt des Jahres 1862 entstand nicht deshalb, weil preußische Liberale ein parlamentarisches System erstrebten. Vielmehr begingen sie den grotesken Fehler, das Schicksal der Heeresreform von der jeweils aktuellen Politik der Regierung abhängig zu machen. Sie unterstellten der preußischen Regierung, keine „revolutionäre" Außenpolitik initiieren zu wollen. Die Heeresreform sei unnötig und müsse rückgängig gemacht werden.

Werner von Siemens schrieb über die Haltung der Liberalen: „Der Glaube an den historischen Beruf des preußischen Staates zur Vereinigung Deutschlands war zu tief gesunken. Auch die eifrigsten Schwärmer für Deutschlands Einheit hielten es deshalb mit ihrer Pflicht nicht für vereinbar, Preußen diese neue Militärlast aufzubürden. Die Volksvertretung verwarf, zum großen Teil mit schwerem Herzen, den Reorganisationsentwurf der Regierung"[36].

Gäbe Bismarck den „Impuls zu einer kühnen, fortwirkenden Tat in der deutschen Frage", notierte Konstantin Rößler im November 1862, werde die Opposition gegen

---

[36] Werner von Siemens, Lebenserinnerungen, Berlin 1922, S. 140.

die Heeresvorlage sofort enden [37]. Hermann Baumgarten argwöhnte, dass Bismarck die „deutsche Frage [weg-werfe] und die Freundschaft Österreichs um jeden Preis" erkaufen werde [38].

Laut Heinrich von Sybel hatte die preußische Regierung seit 1815 ihren „Degen einrosten lassen", und diese „Rost-flecken" verliehen der Heeresreform „in den Augen des Volkes ein übles Ansehen" [39]. Auch Bismarck unterstrich, wie sehr außenpolitische Trägheit die „bürgerliche Abnei-gung gegen militärische Vorlagen und Ausgaben" verur-sacht habe [40]. Zu spät erkannten die meisten Liberalen, dass sie „traurigen Missverständnissen" zum Opfer gefal-len waren [41].

Folglich wäre es *nicht* zum Konflikt gekommen, hätten die Liberalen gewusst, welche außenpolitischen Ziele Bis-marck anstrebte. Dann nämlich „würde kein preußischer

---

[37] Konstantin Rößler, Preußen nach dem Landtag von 1862, Berlin 1862, in: Die nationalpolitische Publizistik, aaO, Bd. 2, Nr. 634, S. 503.

[38] Hermann Baumgarten an Heinrich von Sybel, 30.4.1863, in: Deutscher Liberalismus im Zeitalter Bismarcks. Eine politische Briefsammlung, hrsg. von Julius Heyderhoff, Bd. 1, Bonn und Leipzig 1925, Nr. 102, S. 147f.

[39] Stenografische Berichte des Hauses der Abgeordneten, aaO, Bd. 3, 1862, S. 1571.

[40] Otto von Bismarck, Gedanken und Erinnerungen, Bd. 1, Berlin 1924, S. 270.

[41] Martin Philippson, Max von Forckenbeck, Dresden 1889, S. 62.

Landtag die Gelder zu diesem Zweck verweigert haben", hieß es 1866 in den Preußischen Jahrbüchern [42].

1862 hätten sich die Liberalen sagen können, wenn nicht müssen, dass jede andere Regierung, die wiederum eine aktive Außenpolitik forcierte, der Heeresverstärkung erneut bedurfte. Man konnte nicht innerhalb kurzer Zeiträume, je nach der außenpolitischen Lage, eine gewaltige Heeresreform einführen und/oder abschaffen!

Im September 1862, als die entscheidende Debatte über den Militäretat erfolgte, war die Heeresreform größtenteils realisiert. 18 Millionen Taler, für diesen Zweck verausgabt, standen nicht mehr zur Disposition; davon hatten die Liberalen 14,1 Millionen Taler freiwillig bereitgestellt. Mithin scheiterten die liberalen Abgeordneten auch deshalb, weil sie Millionen Taler bewilligt hatten, um eine Reorganisation zu verwirklichen, die sie Jahre später zurücknehmen wollten.

Der Opposition fehlte jegliche tragfähige Strategie. Benedikt Waldeck, linksliberaler Wortführer, betonte noch im September 1862, dass ein Konflikt zwischen Regierung und Landtag unwahrscheinlich sei. Käme es dennoch zum Bruch, akzeptiere er ihn [43]. Statt nüchtern zu kalkulieren, spielte die Mehrheit Vabanque.

---

[42] Viktor Böhmert, Deutschlands wirtschaftliche Umgestaltung, in: Preußische Jahrbücher, Bd. 18, 1866, S. 270.

[43] Stenografische Berichte, aaO, Bd. 3, 1862, S. 1577. Schon in der preußischen Nationalversammlung von 1848 hatte Waldeck staatsmännisch versagt. Aufgrund seiner überzogenen Forderungen verhinderte er die gebotene Einigung mit der

Erfolglos warnte Karl Twesten vor dem realitätsfernen Versuch, die Heeresreform ungeschehen zu machen. Die Liberalen verlangten „Unausführbares" und missachteten die „constitutionelle Moral". Sogar ein mächtigeres Parlament als das preußische könne einen solchen Kampf nicht gewinnen [44].

Etliche Historiker behaupten, dass die dreijährige Dienstzeit den Streit wesentlich verursacht habe [45]. Bei den provisorischen Bewilligungen der Heeresvorlage war jedoch die dreijährige Dienstzeit mit eingeschlossen, stellte also nicht das entscheidende Problem dar. Abgesehen davon wäre es unklug gewesen, wegen der sekundären Dienstzeitfrage einen Konflikt zu riskieren, den die Liberalen, angesichts der Machtverhältnisse in Preußen, bloß verlieren konnten. Im Zweifelsfall musste man die dreijährige Dienstzeit hinnehmen. Nur härtester Realismus mündete in Erfolge, zumal der deutschen Einigung unbedingte Priorität gebührte. Dienstzeitgesetze waren immer änderbar; selten bot sich die Chance der nationalen Einheit.

Die liberale Geschichtsschreibung will das Versagen des Bürgertums in Preußen bemänteln und präsentiert noch ein anderes Feigenblatt. Gemeint sind tatsächliche oder vermeintliche Abdankungsgedanken, die Wilhelm I. kurzzeitig hegte, bevor Bismarck zum Ministerpräsidenten er-

Krone und reduzierte die Chancen der Opposition (vgl. Otto Hintze, Die Hohenzollern und ihr Werk, Berlin 1915, S. 537f.).
[44] Stenografische Berichte, aaO, Bd. 3, 1862, S. 1703f.
[45] Dierk Walter, Preußische Heeresreformen, S. 460; Thomas Nipperdey, Deutsche Geschichte 1800-1866, S. 753f.

nannt wurde [46]. Allein der König entschied, ob er den Thron behaupten wollte oder nicht. Die Opposition konnte ihn zu nichts zwingen. Niemand im Parlament ahnte auch nur, was sich (möglicherweise) hinter den Kulissen abspielte.

Nur *eine* Tatsache fällt ins Gewicht. Wilhelm I. hat *nicht* abgedankt. Alle Konjunktive nützen rein gar nichts. Es ist müßig, über Eventualitäten zu spekulieren. Schon 1929 stellte Ludwig Dehio fest, dass, hätte Wilhelm der Krone entsagt, den Liberalen ein bloßer „Zufallstreffer" gelungen wäre [47]. Solche „Zufälle" gibt es fast nie.

Glaubt man der bisherigen Sichtweise, dann führte das preußische Parlament einen prinzipiellen Macht- und Verfassungskonflikt gegen die Krone. Das Provisorium von 1860, die nationale Frage, der Landwehrkomplex, nicht mehr verfügbare Gelder - dies alles wird unterschätzt. Eine

---

[46] Charakteristisch: Lothar Gall, Europa auf dem Weg in die Moderne 1850-1890. 4. Aufl., (= Oldenbourg, Grundriss der Geschichte, Bd. 14), München 2004, S. 60.

[47] Ludwig Dehio, Die Taktik der Opposition während des Konflikts, in: Historische Zeitschrift, Bd. 140, 1929, S. 301. W. Treue vertritt sogar die These, dass Wilhelm nicht ernsthaft abdanken wollte. Wilhelm Treue, Wollte König Wilhelm I. zurücktreten?, in: Forschungen zur Brandenburgischen und Preußischen Geschichte, Bd. 51, hrsg. von J. Schultze, Berlin 1939, S. 293, S. 297f. Der Kronprinz hielt am Gottesgnadentum fest und war gegen eine Abdankung Wilhelms I. Hans-Christof Kraus, Militärreform oder Verfassungswandel? Kronprinz Friedrich von Preußen und die „deutschen Whigs" in der Krise von 1862/63, in: Heinz Reif (Hrsg.), Adel und Bürgertum in Deutschland, Bd. 1, Entwicklungslinien und Wendepunkte im 19. Jahrhundert, Berlin 2000, S. 216.

verfassungspolitische Dimension erhielt der Konflikt, weil die preußische Regierung nicht bewilligte Gelder verausgabte. Das Ringen um die Befugnisse des Parlamentes resultierte mehr als Folge denn als Ursache aus anders gelagerten Problemen, so wie sie hier geschildert worden sind. Selbst der wichtige militärpolitische Aspekt und innere Reformen kamen an zweiter Stelle.

Die These vom Heeres- und Verfassungskampf ist zu korrigieren, weil die große Mehrheit der Liberalen zwischen 1862 und 1866 ständig ihren Willen bekundete, alle Streitigkeiten sofort abzubrechen, wenn man nur glauben könne, dass Bismarck eine offensive Außenpolitik betreibe, die ihm jedoch fast niemand zutraute. Bismarck galt als der letzte und „schärfste Bolzen der Reaktion von Gottes Gnaden" [48].

Sollte etwa dieser „reaktionäre Bolzen" die deutsche Einigung ins Werk setzen? Der Abgeordnete Rudolf Virchow betonte, Bismarck habe „auch gar keine Ahnung von einer nationalen Politik" [49]. Hermann Schulze-Delitzsch, Abgeordneter des preußischen Landtages, glaubte, dass ein innenpolitisch konservatives Regime keine revolutionäre Außenpolitik treiben werde. „Ein solches Ausder-

---

[48] Zit. nach Otto Nirnheim, Das erste Jahr des Ministeriums Bismarck und die öffentliche Meinung, Heidelberg 1908, S. 70. Meine Interpretation des Verfassungskonflikts übernimmt völlig: Harald Biermann, Ideologie statt Realpolitik. Kleindeutsche Liberale und auswärtige Politik vor der Reichsgründung, Düsseldorf 2006, S. 130-156, S. 166-201, S. 280f.
[49] Stenografische Berichte, aaO, Bd. 1, 1864, S. 505.

hautfahren wäre politisch wie physisch einfach ein Selbstmord der Regierung", meinte er [50].

Sogar der Einmarsch preußischer Truppen 1864 in Dänemark täuschte die Liberalen. Sie vermuteten, dass sich Bismarck in der Schleswig-Holstein-Frage mit Dänemark arrangiere. Zum Beispiel erklärte der Abgeordnete Leopold von Hoverbeck im Februar 1864, bald werde „der Verrath an dem armen Schleswig-Holstein vollbracht sein und wieder die alte Fäulnis in den deutschen Zuständen (eintreten), an die sich unsere Körperkonstitution nun einmal gewöhnt hat" [51].

Bismarcks taktisches Verwirrspiel, das er in der Schleswig-Holstein-Frage mit dem Ziel anwandte, auswärtige Mächte nicht vorzeitig misstrauisch zu stimmen, durchschauten letztere ebenso wenig wie die Liberalen des preußischen Abgeordnetenhauses. Johann Jacoby meinte, dass der Landtag keine Gelder für die Heeresreorganisation bewilligen dürfe, weil sonst die Gefahr bestehe, dass die preußische Regierung diese Mittel für ihre antinationale Politik verwende! [52] Preußen, argwöhnten viele Oppositionelle, stütze den Deutschen Bund.

Auch seit Dänemarks Verzicht auf Schleswig-Holstein blieb die liberale Majorität unverändert in alten Irrtümern gefangen. Bismarck kette Preußen an das habsburgische

---

[50] Ebd., S. 248.
[51] Ludolf Parisius, Leopold Freiherr von Hoverbeck, Bd. 2, 2, Berlin 1897, S. 2.
[52] Stenografische Berichte, aaO, Bd. 1, 1864, S. 242.

„Schlepptau" [53] und sei „kein zweiter Cavour" [54]. Darum weigerten sich 1865 die meisten Parlamentarier, zwei Gesetzesvorlagen anzunehmen, welche die Bewilligung der 1864 entstandenen Kriegskosten betrafen [55].

Dass Preußens deutsche Politik stagnierte, hatte den Konflikt ausgelöst, und Bismarcks Kalkül offenbarte erst der Krieg von 1866. Seine Widersacher, mit Blindheit geschlagen, erkannten ihre fatalen Irrtümer viel zu spät. Gegen den erfolgreichen Bismarck, der soeben das Ziel erreichte, welches die Liberalen angestrebt hatten, eine verquere Opposition fortzusetzen, war politisch und psychologisch keinesfalls durchzuhalten.

Deswegen erteilte die große Mehrheit der Liberalen eine Indemnität hinsichtlich schon verausgabter Gelder. Den Niederbruch der Liberalen besiegelten die Landtagswahlen vom 3. Juli 1866, welche die Konservativen klar gewannen. Derart eklatant zu unterliegen, hätten die Liberalen abwenden können, wären sie taktisch differenzierter

---

[53] Stenografische Berichte, aaO, Bd. 3, 1865, S. 2129.

[54] National-Zeitung, Abendausgabe, 15.6.1865.

[55] Stenografische Berichte, aaO, Bd. 3, 1865, S. 1844-1847, S. 2109. Gleichzeitig erkannten viele liberale Abgeordnete, dass nur eine Inkorporation Schleswig-Holsteins durch Preußen dem deutschen Nationalinteresse entsprach. Vgl. Stenografische Berichte, aaO, Bd. 3, 1865, S. 2113, S. 2125f. Denn die Einsetzung des Augustenburgers Friedrich hätte ein neues Fürstentum konstituiert und das antinationale Lager, Österreich und den Deutschen Bund, wesentlich gestärkt. Jedoch wäre es nie zum Konflikt gekommen, mit oder ohne Inkorporation Schleswig-Holsteins, hätten die preußischen Liberalen Bismarcks Reichsgründung vorausgesehen.

vorgegangen. Im entscheidenden Moment überließen sie die nationale Frage der politischen Rechten.

Zahlreiche Historiker interpretieren die Indemnitätsvorlage als „Kompromiss" [56]. Diese oberflächliche These ist abzulehnen. Den Liberalen gelang nur die - noch dazu fragwürdige - Wiederherstellung des formalen Rechts. Der gute Staatsmann Bismarck wollte die Liberalen nicht *völlig* demütigen, da er sie benötigte, um seine Herrschaft künftig zu stabilisieren. Innenpolitisch handhabte Bismarck die gleiche kluge Mäßigung wie gegenüber den besiegten Österreichern. Gemäß der Maxime „suaviter in modo, fortiter in re" hatte Bismarck die Vormacht der Krone, besonders in Militärfragen, *politisch* siegreich verteidigt.

---

[56] Dierk Walter, Preußische Heeresformen, glaubt, dass die Bewilligung der Indemnität seitens der Liberalen „in Wirklichkeit ein Kompromiss" darstellte, S. 467. Im gleichen Atemzug schreibt er, das preußische „Heerkönigtum" sei als Sieger aus dem Konflikt hervorgegangen, ebd. S. 469. Also doch kein Kompromiss? Ähnlich: Heinrich August Winkler, Der lange Weg nach Westen, Bd. 1, Deutsche Geschichte vom Ende des alten Reiches bis zum Untergang der Weimarer Republik, München 2000, S. 192. Vgl. ders., 1866 und 1878: Der Machtverzicht des Bürgertums, in: Wendepunkte deutscher Geschichte 1848-1945, hrsg. von Carola Stern und Heinrich August Winkler, Frankfurt/Main 1979, S. 37-60; Klaus Schwabe, Das Indemnitätsgesetz vom 3. September 1866 - eine Niederlage des deutschen Liberalismus?, in: Preußen, Deutschland und der Westen. Auseinandersetzungen und Beziehungen seit 1789, hrsg. von Heinrich Bodensieck, Göttingen 1980, S. 83-102. Mark Willock, Die politische Rolle der Liberalen im preußischen Verfassungskonflikt, in: Jahrbuch der Hambach-Gesellschaft, Bd. 8, 2000, S. 132f.

Die schwere Niederlage, welche die Liberalen belastete, rührte nicht nur daher, dass sie der größeren Macht unmöglich widerstehen konnten. Hermann Baumgarten schrieb 1866 in der „Selbstkritik" des Liberalismus, dass die preußischen Liberalen töricht opponiert hätten, während Bismarck staatsmännische Kunst demonstriert habe [57]. Das Debakel der Liberalen schwächte sie vor allem psychologisch; ihr Selbstbewusstsein erlitt dauerhafte Schäden.

Um 1860 verfügte die Regierungs- und Militärpartei in Preußen über weit effektivere Machtmittel als die liberale Opposition. Wegen der ungelösten nationalen Frage war die Revolution von 1848 gescheitert. Innerhalb eines politisch vereinten und industrialisierten Deutschland, nach 1871 also, lagen die Voraussetzungen für einen Sieg des bürgerlichen Liberalismus sehr viel günstiger als *vor* 1871 [58]. Ohne geschulte Diplomaten und Militärs war die deut-

---

[57] Hermann Baumgarten, Der deutsche Liberalismus. Eine Selbstkritik, abgedruckt in: Der deutsche Liberalismus, hrsg. von Adolf M. Birke, Frankfurt/Main 1974, ab S. 23. Vgl. Thomas Nipperdey, Deutsche Geschichte 1866-1918, Bd. 2, München 1992, S. 314-316.

[58] Völlig falsch ist die Annahme des Lothar Gall, dass die Liberalen in vorindustrieller Zeit bessere Erfolgschancen hatten. Die Industrie minderte das wirtschaftliche Gewicht des adeligen Grundbesitzes. In Frankreich und Dänemark wurden in der hochindustriellen Phase parlamentarische Regierungssysteme eingeführt oder konsolidiert. Das eigentliche Problem wurzelte in dem Unwillen deutscher Liberaler, mit der Arbeiterschaft des Kaiserreiches zu kooperieren. Lothar Gall, Liberalismus und „bürgerliche Gesellschaft". Zu Charakter und Entwicklung der liberalen Bewegung in Deutschland, in: Historische Zeitschrift, Band 220, 1975, S. 324-356.

sche Einigung nicht zu vollbringen. Erst musste Bismarck
seine historische Rolle ausgespielt haben, ehe die Liberalen das System, welches er repräsentierte, wirksam zu be-
kämpfen vermochten.

Die wahre Strategie erfordert es, im richtigen Augen-
blick an der geeigneten Stelle zu attackieren. Von beidem
taten die preußischen Liberalen der 1860er-Jahre das ge-
naue Gegenteil. Mitten in einer außenpolitischen Um-
bruchphase opponierten sie, also zum denkbar ungünstigs-
ten Zeitpunkt. Auch vergeudeten sie Kraft am falschen
Ort, insofern das ideenlose Konzept, die alte Landwehr
beizubehalten, den preußischen Militärstaat niemals ge-
fährdete. Aber gerade nach 1871, als die Liberalen hätten
erfolgreich aufbegehren *können*, kapitulierten sie mehr
oder minder vor dem obrigkeitlichen Regiment [59].

Politisch und staatsmännisch *richtig* wäre es gewesen,
Bismarck in der Gründungsphase des Nationalstaates vor-
behaltlos zu unterstützen. Sobald Deutschland den siche-
ren Hafen der Einheit erreicht hatte, war die Möglichkeit
der konsequenten innenpolitischen Reform gekommen.
Besonders zwischen 1890 (Entlassung Bismarcks) und
1908 (Daily-Telegraph-Affäre) öffnete sich das Tor zur
Macht. Außerdem hätte man der gesamtdeutschen und de-
mokratischen Staatsräson genügen, das heißt Preußen auflösen müssen, statt seine anachronistische Existenz künst-
lich zu verlängern. Doch nun beugte der Liberalismus das

---

[59] Dieter Langewiesche, German Liberalism in the Second
Empire, 1871-1918, in: In Search of a Liberal Germany. Studies
in the History of German Liberalism from 1789 to the Present,
ed.: Konrad H. Jarausch, Larry E. Jones, Oxford 1990, S. 217-
235.

Haupt vor der Obrigkeit und scheiterte auch bei der *inneren* Gründung des Nationalstaats.

Warum versagten die Liberalen? Zunächst fehlte ihnen die notwendige politische Erfahrung. Erst seit 1848 gab es ein Parlament in Preußen. Mit Bismarck wiederum trat den liberalen Anfängern ein *äußerst* versierter Kontrahent entgegen. Bei alledem ist zu bedenken, dass Deutschland und namentlich Preußen das klassische Land des aufgeklärten Absolutismus war. In Preußen/Deutschland existierte nicht, wie im Frankreich des späten 18. Jahrhunderts, ein feudal erstarrtes, reformunfähiges Ancien Régime. Preußen adaptierte immer wieder moderne Grundsätze; daraus folgte die Notwendigkeit einer *differenzierten* Opposition.

Für die Konfliktszeit bedeutete dies: Flexibilität und Entgegenkommen bei der Heeresreform schloss ein kluges und begrenztes Opponieren hinsichtlich der Regelung des Offiziersnachwuchses und innenpolitischer Reformen nicht aus. Beides konnte das schwache Parlament nur im Einvernehmen mit der Regierung durchsetzen. Mehr war in den 1860er-Jahren nicht zu erreichen. Vor allem durfte man die Unterstützung der nationalen Einigungspolitik Bismarcks nicht gefährden. Wollten die Liberalen in abgestufter Weise agieren, bedurften sie eines entwickelten historischen Bewusstseins, das den meisten fehlte. Missachtet wurde die elementare Funktion der deutschen Einheit als Basis politischer Freiheit.

Der Hauptgrund des Debakels war unrealistisches Denken. Dieses Manko zerrüttete auch das Verhältnis der Liberalen zum Staat. Vor 1871, im Verfassungskonflikt, endete mangelnder Pragmatismus in der Sackgasse falscher Opposition. Nach 1871 führten die Liberalen, denen die

Staatsverantwortung fehlte, das gleiche Drama noch einmal auf - nur hatten sie diesmal die Vorzeichen umgedreht. Der Abkopplung vom Staat in der frühen Ära Bismarck folgte nun eine ebenso irregeleitete Politik der Unterwerfung. Linke wie rechte Liberale sahen im Staat eine metaphysische Größe.

Damit wird das bekannte Bild, sofern es den Verfassungskonflikt noch ausnahm, logisch erweitert und abgeschlossen. Gedacht ist an das Bild politischer Unfähigkeit des preußisch-deutschen Bürgertums. Deutschen Liberalen gelang es nicht, einen Staat zu machen.

Die Lebenslüge der Ära Adenauer, die auch viele Historiker verbreiteten, dass Freiheit vor Einheit ginge, hält wissenschaftlicher Kritik nicht stand. Einheit und Freiheit gehören untrennbar zusammen.

Weitere Publikationen des Autors zum gleichen Thema: Der preußische Liberalismus und die Heeresreform von 1860, Bonn 1989. Die Taktik preußischer Liberaler von 1858 bis 1862, in: Militärgeschichtliche Mitteilungen, Bd. 53, Heft 1, 1994.

Verlag: BoD · Books on Demand GmbH,
Überseering 33, 22297 Hamburg, bod@bod.de
Druck: Libri Plureos GmbH, Friedensallee 273,
22763 Hamburg
ISBN: 978-3-7693-5715-8